**CÍRCULO
DE POEMAS**

Soneto, a exceção à regra

André Capilé

Paulo Henriques Britto

Nota à edição

O soneto, enquanto forma poética, dos modelos canônicos mais conhecidos, talvez seja a modalidade mais constante e permanente de realização, desde que foi criado ali por volta do século XIII e logo consolidado por Petrarca, que acaba por montar o esquema vencedor, e mais recorrente, desse tipo de prática em poemas. Para o bem, para o mal, e o pior, sua consolidação muitas vezes foi tomada como ação mecânica, tendo muitos livros escolares assumido a posição de que o soneto é uma forma fixa. Contudo, o que fazer com uma forma fixa que tem mudado sua composição ao longo de tantos séculos?

O modelo petrarquiano é um bocado distinto do inglês, levado rapidamente a seus limites com Shakespeare; o que fazer com os sonetos de Hopkins, que, embora usasse esquematicamente o formão-Petrarca, bagunçava o campo sonoro com seu *sprung rhythm* (ritmo saltado ou saltante)?

Daí que escolher, com todos os limites colocados, alguns sonetos que apresentem em algum nível um modo de desvio seja também dizer que não há uma forma fixa do soneto quando olhamos para o contexto brasileiro na composição desse tipo de poema.

São catorze poemas, uns mais, outros menos conhecidos, que brincam com a ideia estrutural dos catorze versos que formam um soneto. Embora deva parecer óbvio, cabe dizer que não é uma seleção dos "melhores sonetos em desvio", nem são exatamente poemas de fundação, ainda que apresentem, aqui e ali, características razoáveis de ineditismo em sua (nova e outra) forma. Claro, poderiam até ser outros, mas são estes que aí estão. A tentativa é de abrir uma cena de análises formais — bastante concisas, é verdade — buscando, também, semantizar as formas. Reitera-se: não se trata de uma microsseleção com a funcionalidade de mercado, ainda afeita ao "melhor de"; então, de alguma maneira, sentiremos falta de uma coisa e outra. Nesse aspecto, e talvez nesse interesse em pensar as estratégias de montagem antológica, a possibilidade de novas reuniões possa tomar esta plaquete como modelo crítico: arrolar poemas justificados por suas análises temático-formais e pelo enfrentamento justificado no corpo a corpo com os poemas — não apenas por paratextos, por mais robustos e sérios que sejam.

Uma outra nota, não por explicação das agendas do presente, tão necessárias, reside na baixa incidência de sonetos escritos por mulheres e pessoas negras. O primeiro impulso de interpretação diante da escassez, não apenas nesta pequena recolha, mas na história do verso brasileiro, seria apontar que o modelo do soneto não figura como preferência dessas agências de autoria, suposto ser afinal um modelo duro do cânone, por si só tão masculino, tão branco. Seria insuficiente a afirmação se observássemos, ao menos entre as mulheres, as presenças — já miradas por linhas de força crítica, também ela majoritariamente branca e masculina — durante o século XIX. Contudo, apesar de mulheres escreverem dentro desse modelo de poemas no registro oitocentista, não há figuras de desvio normativo, e ainda cabe, no mínimo, nomear algumas delas: Josephina Álvares de Azevedo, Narcisa Amália, Auta de Souza, Gilka Machado — encontradas na breve antologia *Cardumes de borboletas: quatro poetas brasileiras do século XIX*, organizada por Ana Rüsche e Lubi Prates (Círculo de Poemas, 2024). Há ainda Francisca Júlia, e no caso cabe dizer que, além de escrever numa prática formal muito marcada, fazia um uso prevalente do alexandrino e, como será observado, tendemos a analisar majoritariamente o desvio no decassílabo, o metro mais reincidente. No século XX, claro, temos algumas outras mulheres, mas ainda assim com frequentação baixa, mesmo havendo Cecília Meireles, que sabia tudo de versificação — dela, talvez até coubesse o "Poema 9", de *Metal rosicler*, soneto esquisito dividido em duas estrofes de sete versos. Caberia, talvez, uma Orides Fontela, com seus sonetos brancos dedicados à irmã, e então precisaríamos, talvez, indicar um "inaugurador", no caso, Murilo Mendes, que tem um livro todo de *Sonetos brancos*, e, de modo indesejado, lateralmente subordinar o desvio a um homem. Dora Ferreira da Silva, por exemplo, escreveu uma série de sonetos chamada "Quando", mas muito sem saída da forma dura. Contemporaneamente, talvez coubesse Bruna Kalil Othero, mas mesmo aqui ela ainda caminha dentro de certa normatividade. Pode ser que devamos ficar com Hilda Hilst, que, afinal, escreveu uma série de "sonetos que não são" em seu *Roteiros do silêncio*.

Não entraram, também, os sonetilhos. Drummond era um mestre na modalidade. Dos poucos sonetos de Murilo Mendes, há um sonetilho chamado "Soneto do dia 15" e também cabe uma piscadela para "Marcha final do guarani", ambos em *História do Brasil*. Se fosse a esquisitice pela esquisitice, talvez coubesse "Transideração — Ungaretti conversa com Leopardi", de Haroldo de Campos; talvez lidar com as rimas estranhíssimas e a série futebolística de Wilberth Salgueiro; quem sabe os sonetos visuais de Avelino de Araujo, poeta de Natal, no Rio Grande do Norte, que em edição do autor publicou o seu *Livro de sonetos*... ou Tchelo d'Barros, que com seu "soneto alado" visualmente emula o martelo-agalopado... etc. etc. A lista é interminável. Talvez seja necessário levar tudo isso a um contexto de pesquisa mais vertical e aprofundada que, em novo dia, possibilite outra antologia anotada.

Pode ser que, em algum momento, as anotações de análise pareçam muito apertadas — uma das regulações era escrever até 2 mil caracteres — e o vocabulário, algo técnico, espante na primeira entrada. Foi um esforço escrever tão justo, contudo a anotação está ali para mostrar, justamente, o desvio da norma. Um exercício intenso de usar o ouvido e a persecução visual do que não conseguimos escutar imediatamente em sonetos que, exceções à regra, não encontram em sua forma o fixo.

Música brasileira

Tens, às vezes, o fogo soberano
Do amor: encerras na cadência, acesa
Em requebros e encantos de impureza,
Todo o feitiço do pecado humano.

Mas, sobre essa volúpia, erra a tristeza
Dos desertos, das matas e do oceano:
Bárbara poracé, banzo africano,
E soluços de trova portuguesa.

És samba e jongo, xiba e fado, cujos
Acordes são desejos e orfandades
De selvagens, cativos e marujos:

E em nostalgias e paixões consistes,
Lasciva dor, beijo de três saudades,
Flor amorosa de três raças tristes.

Olavo Bilac

De início, temos o que parece um soneto tradicional, em particular por sua aparente forma petrarquiana. Mas lido com atenção mais detida, podemos notar seus desvios: por espelhamento as rimas interpoladas dos dois quartetos têm suas posições invertidas. No campo métrico, acontece algo parecido, uma vez que o poema sopra no ouvido certa regularidade, apesar de pequenos detalhes interruptivos dentro de sua estrutura, com pausas frequentes e fora de algumas cesuras, mais ou menos naturais. A conformidade do icto na sexta sílaba, por exemplo, é marcante; contudo, justamente nesse ponto, outro desvio se evidencia: a presença do martelo-agalopado (acentos na terceira e sexta sílabas). O romantismo brasileiro instalou, como marca de ruptura, o uso quase sistemático do decassílabo sáfico (acentos na quarta e oitava sílabas), como escape da medida heroica, molde mais tradicional. Aqui a busca por equilíbrio recorre a uma proliferação diferencial de sobreposição rítmica interna. Usa, em quantidades iguais, o sáfico e o martelo em dez versos, enquanto o heroico fica com os quatro restantes. No instante em que o esquema rímico das interpoladas se inverte, o sáfico dá lugar ao heroico (acento na sexta sílaba), mantendo a organização equilibrante com o martelo-agalopado. Contudo, o metro heroico "quebra" com acentos secundários, além de pausas brutas dentro dos versos na estrofe, modos que vão retornar no terceto final, quando o poema resolve seu tema geral: a consumação do que forma a identidade geral do brasileiro, as "três saudades" de "três raças tristes" — indígena, africana e portuguesa. A presença repetida de, pelo menos, duas células métricas gera alguma harmonia numa espécie de constante, como em "o fogo soberano", "encerras na cadência", "desejos e orfandades", "cativos e marujos" [- / - - - / -] e "todo o feitiço", "erra a tristeza", "banzo africano", "cujos acordes", "flor amorosa" [/ - - /]. Elementos que acabam por fazer o ritmo se manter teso, apesar de ser um soneto ruidoso, dotado de certa erótica, dentro duma escola afeita à precisão do bom acabamento do poema.

Lésbia

Cróton selvagem, tinhorão lascivo,
Planta mortal, carnívora, sangrenta,
Da tua carne báquica rebenta
A vermelha explosão de um sangue vivo.

Nesse lábio mordente e convulsivo,
Ri, ri risadas de expressão violenta
O Amor, trágico e triste, e passa, lenta,
A morte, o espasmo gélido, aflitivo...

Lésbia nervosa, fascinante e doente,
Cruel e demoníaca serpente
Das flamejantes atrações do gozo.

Dos teus seios acídulos, amargos,
Fluem capros aromas e os letargos,
Os ópios de um luar tuberculoso...

Cruz e Sousa

✳

A evidente pulsão erótica, exposta por via das imagens botânicas na abertura, conjuga a carnalidade à cor vermelha, tudo feito de uma emoção incontida que segue ao longo do poema. Contudo, há uma hesitação, certo suspense, em evidenciar quem, ou o quê, é a "planta mortal, carnívora, sangrenta", uma vez que é singularizada em relação a "cróton" e "tinhorão", o que vai ser resolvido somente no primeiro terceto, logo que o plano imagético é consumado, na fulgurante "Lésbia nervosa". Surpreende que, ao fim do quadro montado, o soneto escape ao plano das imagens e transporte o sentido ao campo sensorial, com a entrada aliterante dos "seios acídulos", o azedo vindo à boca, e "capros aromas", o cheiro da cabra que completa o cenário colocado da posição pecaminosa da "demoníaca serpente", mote recorrente da queda edênica na figuração feminina. O poema, de modo geral, é bastante regular na composição do verso, em que prevalece o heroico, contudo o segundo quarteto é caso de maior investigação. Apesar de algumas pausas internas no primeiro quarteto, não há nenhum distúrbio evidente, mas logo que comparece o "lábio mordente" — imagem estranha, pois lábios não mordem, embora configure a excitação — não só as pausas engasgam a leitura, como também o único enjambement da estrofe, após a emulação incômoda do riso na reiteração do *ri-*, trunca a sintaxe, numa construção que faz o amor, que também ri, ser trágico e triste, tornando o metro indecidível entre o heroico e o martelo, com uma espécie incomum de espondeu (duas longas seguidas, ou duas tônicas em nosso registro acentual) violentíssimo. A imprevisível rima abreviada à esquerda, entre a*mor* e *mor*te, surpreende. Outro elemento sonoro, que ouvidos distraídos podem deixar passar, é o tema dos sons nasais que atravessam quase todo o texto, um jogo constante que na estrofe final deixa só o cheiro [aroma], incidindo alguma abertura do gritante /a/ de "amargos", "capros", "letargos", "luar" que, no fim, se fecha em "tuberculoso".

O Deus-Verme

Fator universal do transformismo.
Filho da teleológica matéria,
Na superabundância ou na miséria,
Verme — é o seu nome obscuro de batismo.

Jamais emprega o acérrimo exorcismo
Em sua diária ocupação funérea,
E vive em contubérnio com a bactéria,
Livre das roupas do antropomorfismo.

Almoça a podridão das drupas agras,
Janta hidrópicos, rói vísceras magras
E dos defuntos novos incha a mão...

Ah! Para ele é que a carne podre fica,
E no inventário da matéria rica
Cabe aos seus filhos a maior porção!

Augusto dos Anjos

✳

O poema se empenha em pendurar uma série de palavras estranhas ao vocabulário mais corriqueiro. O sentido geral da finitude da vida — meta incontornável e não necessariamente objeto do desejo — é adereçado a termos científicos e metáforas desconfortáveis, criando-se o clima e a imagem do grotesco na presença terminal, e determinante, do verme. Embora a criatura formada esteja "livre das roupas do antropomorfismo", ganha contornos humanos na terceira estrofe, quando o campo semântico do poema aplica traços de comportamentos sociais, familiares, como almoçar, jantar e culminar na continuidade de sua função com a presença da prole. Tão fértil e estranho quanto seu tema é o uso dinâmico de acentos secundários, particularmente pelo emprego lexical de termos como "teleológica", "superabundância", "antropomorfismo", que ao mesmo tempo asseguram o uso do decassílabo heroico, presente em oito versos, e o fragilizam como se o verme roesse o verso por dentro. A recorrência dessa medida nos dois tercetos que fecham o poema praticamente desaparece, havendo um uso mais presente do martelo-agalopado e do sáfico. Tal desaparição se dá concomitante ao sumiço do tema vocálico /ɛ/, assonância mais presente até o fim do octeto, que presentifica o "verme", inserindo-o como espécie de fantasmagoria sonora que só vai ser recuperada no "inventário da matéria", ou o quase nada que sobra após a mastigação, daí o silêncio das vogais e a entrada das aliterações das vibrantes /r/ que, por sua vez, emulam os efeitos do ato de roer e, satisfeito o verme, também são abandonadas no verso final.

Quarenta anos

A vida é para mim, está se vendo,
Uma felicidade sem repouso;
Eu nem sei mais se gozo, pois que o gozo
Só pode ser medido em se sofrendo.

Bem sei que tudo é engano, mas sabendo
Disso, persisto em me enganar... Eu ouso
Dizer que a vida foi o bem precioso
Que eu adorei. Foi meu pecado... Horrendo

Seria, agora que a velhice avança,
Que me sinto completo e além da sorte,
Me agarrar a esta vida fementida.

Vou fazer do meu fim minha esperança.
Oh sono, vem!... Que eu quero amar a morte
Com o mesmo engano com que amei a vida.

Mário de Andrade

✳

"Quarenta anos" parece, à primeira vista, um soneto convencional, com esquema de rimas clássico e fecho de ouro impecável. Mas uma leitura mais cuidadosa revela vários detalhes que destoam da norma. Para começar, a primeira estrofe é toda em metro heroico, sempre com acento na sexta sílaba, e esse metro continua no primeiro verso da segunda estrofe. Já os quatro versos seguintes — toda a segunda estrofe e o primeiro da terceira — são sáficos: neles a sexta sílaba nunca recebe o acento, que recai na quarta e na oitava sílabas. Seguem-se três martelos-agalopados, com acento na terceira e na sexta sílabas; o penúltimo verso é um decassílabo em que todas as sílabas pares são acentuadas, e o último é sáfico. Assim, o poeta cria blocos de versos seguidos com acentuação igual, e muda o ritmo no bloco seguinte, uma prática não muito usual. Também o esquema das rimas tem uma curiosidade: na primeira estrofe, a rima entre "repouso" e "gozo" não é completa — sobra o "u" de "repouso" —, uma situação que se repete na segunda estrofe, com o par "ouso"-"precioso". Mas o mais fascinante do soneto é a maneira como, na segunda estrofe, o corte em versos não bate com a divisão em frases. Na passagem do primeiro para o segundo verso da segunda estrofe, o corte se dá em "mas sabendo/ Disso"; o corte seguinte é "Eu ouso/ dizer"; em seguida, "o bem precioso/ Que eu adorei". O enjambement mais espetacular é a passagem da segunda para a terceira estrofe. Num primeiro momento, o leitor lê "Foi meu pecado... Horrendo" como se "horrendo" modificasse "pecado", mas o verso seguinte desfaz essa leitura: "Horrendo/ seria, agora que a velhice avança" etc., uma armadilha em que todo mundo cai na primeira vez que lê o soneto. O pecado foi adorar a vida, mas o que seria horrendo seria se agarrar à vida uma vez chegada à velhice (aos quarenta anos!). Os versos finais de um poema que começa como um hino de amor à vida afirmam o desejo de amar também a morte com igual intensidade — e igual engano.

Soneto simples

Chegara enfim o mesmo que partira: a porta aberta e o coração voando ao encontro dos olhos e das mãos. Velhos pássaros, velhas criaturas, almas cinzentas plácidas passando — somente a amiga é como o melro branco!

E enfim partira o mesmo que chegara; o horizonte transpondo o pensamento e nas auroras plácidas passando o doce perfil da amiga adormecida. Desejo de morrer de nostalgia da noite dos vales tristes e perdidos... (foi quando desceu do céu a poesia como um grito de luz nos meus ouvidos...)

Vinicius de Moraes

✳

O temperamento romântico de chegadas e partidas dá o tom geral do poema, com imagens recorrentes da tradição, cuja poesia tem função reveladora, algo divino, que em seu encerramento instala um efeito estranho na aparição de dois sentidos sem consonância imediata: a imagem [luz] com o som [grito], o que aponta para certa raridade, anteriormente colocada com "a amiga [que] é como o melro branco", uma vez que o melro, pássaro de penugem negra, é uma ave-signo das mais recorrentes, de Guerra Junqueiro a Wallace Stevens, de Edward Thomas a Edimilson de Almeida Pereira. Mas intrigante, mesmo, é a forma e o desenho da mancha gráfica, pois "Soneto simples" é apresentado em prosa corrente. Quando lido em voz alta, claro, é perceptível uma cadeia de ritmos reconhecíveis, também uma vocação, embora irregular, de rimas. Uma vez remontado na vertical, lá estão os catorze versos que se conformam num soneto — muito embora também desviante, uma vez que começa num sexteto e segue um octeto. Há uma prevalência do heroico, zona confortável, embora no verso dez seja necessário empurrar uma anacruse, que faz o enjambement elidir o final do verso anterior à entrada do seguinte. O verso onze, contudo, tem pé quebrado, sendo ele, justamente ali, um verso hendecassílabo, rompendo o contrato métrico. Será coincidência? Segue-se a retomada do contrato com um indesejado quinário, decassílabo acentuado na quinta sílaba, cesurando o verso em 5+5 — quer dizer, justamente quando desce do céu a poesia, baixa um verso antipoético na tradição das medidas, construção de nível pareado ao famoso verso criticado por Mário de Andrade, "que fica e passa, que pacifica". As rimas, outro caso estranho, parecem não estruturar o soneto, contudo a mecânica interpolada das paronomásias *-tira* e *-tura*, mais o efeito acústico de nasais, entre as rimas inteiras "voando" e "passando", com "mãos" e "branco" na primeira estrofe, em conjunto com o tema vocálico dos /i/ na segunda, ordenam o campo sonoro da peça.

Era um cavalo todo feito em lavas
recoberto de brasas e de espinhos.
Pelas tardes amenas ele vinha
e lia o mesmo livro que eu folheava.

Depois lambia a página, e apagava
a memória dos versos mais doridos;
então a escuridão cobria o livro,
e o cavalo de fogo se encantava.

Bem se sabia que ele ainda ardia
na salsugem do livro subsistido
e transformado em vagas sublevadas.

Bem se sabia: o livro que ele lia
era a loucura do homem agoniado
em que o íncubo cavalo se nutria.

Jorge de Lima

✳

Quanto ao metro, este soneto é bem tradicional: todos os versos são decassílabos com acento na sexta, em sua maioria do tipo heroico mais básico, com os ictos sempre em sílabas pares, porém cinco deles martelos-agalopados, com acento na terceira sílaba. Mas nos planos sonoro e imagético o poema não tem nada de convencional. O esquema de rimas é bem complexo. Há apenas duas vogais tônicas que se revezam, /a/ e /i/, mas não se pode dizer que a rima se restringe a elas. No octeto, com esquema *abba abba*, as rimas *a*, em /a/, são quase sempre completas: três ocorrências de -*ava* e uma de -*avas*; já a rima *b*, em /i/, comporta mais variação: -*inho*, -*inha*, -*idos* e -*ivro*. No sexteto, com o padrão assimétrico *bba bab*, temos uma rima *a* incompleta (-*adas* e -*ado*) e quatro *b*, variando entre completa e incompleta — três em -*ia* e uma em -*ido*. Ao longo de todo o poema há muitas ocorrências internas de /a/ e /i/, e uma abundância de /l/ que chega ao auge no segundo terceto, depois da profusão de /s/ do primeiro. O que mais chama a atenção no poema, porém, são as imagens estranhas e perturbadoras. A figura central é a de um cavalo "recoberto de brasas e de espinhos", que lê um livro e lambe cada página, apagando-a. Isso evoca uma passagem do Apocalipse com cavalos que lançam fogo e enxofre pela boca (9,18), e outra, logo adiante, em que um livro é devorado pelo profeta (10,10): o cavalo que lambe as páginas do livro, no poema, parece combinar as duas passagens do texto bíblico. No primeiro terceto, o livro se transforma em água salgada, em "vagas sublevadas", e no segundo temos uma última transformação, esta de ordem gramatical: o substantivo "íncubo" — uma figura associada a um pesadelo em que o sonhador é possuído por uma criatura demoníaca — vira um adjetivo que modifica "cavalo".

Oficina irritada

Eu quero compor um soneto duro
como poeta algum ousara escrever.
Eu quero pintar um soneto escuro,
seco, abafado, difícil de ler.

Quero que meu soneto, no futuro,
não desperte em ninguém nenhum prazer.
E que, no seu maligno ar imaturo,
ao mesmo tempo saiba ser, não ser.

Esse meu verbo antipático e impuro
há de pungir, há de fazer sofrer,
tendão de Vênus sob o pedicuro.

Ninguém o lembrará: tiro no muro,
cão mijando no caos, enquanto Arcturo,
claro enigma, se deixa surpreender.

Carlos Drummond de Andrade

✳

A primeira estrofe afirma o desejo de fazer um soneto duro, difícil de ler — e o que nela se faz é violar a tradicional regra do decassílabo de nunca acentuar as sílabas de número cinco e sete, que não aceitam acento nem no heroico nem no sáfico. Nos três primeiros versos a quinta sílaba é acentuada, e a sétima recebe acento no segundo e no quarto versos. A estrofe promete também um soneto "seco, abafado": em todo o poema predominam vogais fechadas, as ocorrências de /a/ quase sempre sendo seguidas de uma tônica com vogal fechada: "ousara escrever", "ar imaturo", "saiba ser". Na segunda estrofe temos um heroico e depois um martelo-agalopado, mas o terceiro verso é estranho: a vírgula depois de "que" impõe uma ênfase indesejável a essa partícula, e com relutância ainda maior somos forçados a ler "malign'ar", uma contração desagradável, para manter dez sílabas no verso. O quarto verso é o primeiro decassílabo "normal", com acentos em todas as sílabas pares, mas sentimos a falta de "e" entre "ser" e "não ser" — mais um mal-estar. Ao passar para o sexteto, outro susto: em vez de introduzir novas rimas, o poema continua alternando *-uro* e *-er*, só que o esquema muda do primeiro terceto para o segundo: de *aba* para *aab*, uma assimetria inesperada. A métrica se torna um pouco menos irregular, mas ainda há acentos na sétima sílaba (primeiro e quarto versos do sexteto) e na quinta (segundo verso). Tal como no octeto, o primeiro verso se anuncia como "antipático e impuro", com imagens desagradáveis: uma versão feminina do tendão de Aquiles, o "tendão de Vênus", talvez sendo cortado por um pedicuro inepto ou sádico; um "tiro no muro"; e um inesquecível "cão mijando no caos", seguido abruptamente por uma estrela de nome cacofônico, Arcturo, caracterizada com o memorável oximoro "claro enigma", que dá nome ao livro. Assim, violando todas as regras, cheio de passagens incômodas tanto no plano sonoro quanto no semântico, se faz um dos maiores sonetos do nosso idioma.

Pavão vermelho

Ora, a alegria, este pavão vermelho,
está morando em meu quintal agora.
Vem pousar como um sol em meu joelho
quando é estridente em meu quintal a aurora.

Clarim de lacre, este pavão vermelho
sobrepuja os pavões que estão lá fora.
É uma festa de púrpura. E o assemelho
a uma chama do lábaro da aurora.

É o próprio doge a se mirar no espelho.
E a cor vermelha chega a ser sonora
neste pavão pomposo e de chavelho.

Pavões lilases possuí outrora.
Depois que amei este pavão vermelho,
os meus outros pavões foram-se embora.

Sosígenes Costa

✳

Este soneto é um excelente exemplo de fanopeia — o uso de imagens abundantes. O primeiro verso nos apresenta o pavão como metáfora da alegria, e nos treze versos que se seguem só se faz referência a pavões, já estando claro que o tema real é a alegria. Mas há também outras metáforas e símiles: o pavão pousa no joelho do eu lírico como um sol; o pavão vermelho é uma chama, é o doge de Veneza se admirando no espelho. E o verso final afirma que a alegria suprema é tamanha que eclipsa todas as outras, uma ideia um tanto surpreendente quando paramos para pensar nela. Mas o poema não quer que paremos para pensar em nada; ele quer nos bombardear com imagens vivíssimas, inclusive com casos de sinestesia, a mistura de impressões sensoriais: a aurora é estridente, o vermelho é sonoro, o toque de clarim é de lacre. O poema também quer nos embriagar no plano sonoro, com um repertório controlado de metros e rimas. Quanto à métrica, temos praticamente apenas dois tipos de verso: o sáfico (oito ocorrências) e o martelo-agalopado (cinco). Apenas o terceiro verso do primeiro terceto é um heroico com padrão acentual 4-6-10. Assim, o contrato métrico é o decassílabo, mas em duas variedades diversas. Se no plano da métrica alternam-se dois metros, também na rima alternam-se duas terminações, -*elho* e -*ora*, ambas femininas (no sentido de serem paroxítonas), porém contrastando tanto no plano da abertura vocálica — na tônica, *e* fechado e *o* aberto — quanto no da vogal temática — na átona final, *o* se opondo a *a*. Note-se também que os dois quartetos iniciam com versos terminados em "vermelho" e se fecham com versos cuja palavra final é "aurora". Cabe ao leitor procurar todo o turno de sonetos pavônicos do poeta, tendo em mente que a ave, além de consignar a fulguração da beleza a um estado gaio, é símbolo explícito e recorrente da afirmativa homossexualidade do autor, tal como o pavão, "um nobre entre os rapazes".

Soneto

Bronze e brasa na treva: diamantes
pingam
(vibram)
lapidam-se
(laceram)
luz sólida sol rijo ressonantes
nas arestas acesas: não vos deram,
calhaus
      (calhaus arfantes),
                    outro leito
corrente onde roçar-vos e suaves
vossas faces tornardes vosso peito
conformar
      (como sino)
             como de aves
em brado rebentando em cachoeira
dois amantes precípites brilhando:
tições em selvoscura: salto!
                beira
de sudário ensopado abismo armando
amo r
amo r
amo r a
   mo r te
    r amo
de ouro fruta amargosa bala!
                e gamo.

Mário Faustino

✳

O título é para alertar os desavisados: sim, trata-se de um soneto. Mas basta ler o poema em voz alta para que fique claro: catorze decassílabos, sendo sete martelos-agalopados, seis heroicos clássicos e um iâmbico puro, com todas as sílabas pares acentuadas. E é um soneto inglês, com esquema de rimas *abab cdcd efef gg*. Só que a disposição gráfica dos versos oculta a estrutura de soneto, tal como as imagens obscuras e a sintaxe tortuosa ocultam o sentido do texto: é um poema erótico, e homoerótico ainda por cima. O ponto de partida é o duplo sentido de "leito" — "cama" e "fundo de rio". Disso derivam-se as outras imagens: a aceleração da água que culmina com o despencar de uma cachoeira metaforiza a intensificação do ato sexual que leva ao orgasmo; "pingam" e "ensopado" referem-se tanto à água do rio quanto ao suor dos corpos. O leito do rio é pedregoso, como é pedregoso o caminho dos que professam o amor proibido: "não vos deram, calhaus, [...] outro leito onde roçar-vos". Mas a disposição gráfica nada ortodoxa tem também outras funções: reforça a ideia de precipitação impetuosa, desde o início, acentuando-se no final, em que a divisão do penúltimo verso sonoro gera várias ocorrências de "amo" causadas pelas três de "amor" e as únicas de "amora", "morte" e "ramo". A ligação entre "morte" e "bala" é óbvia; e "ramo de ouro" alude ao primeiro capítulo de *O ramo de ouro*, de James Frazer, que envolve o culto a Diana caçadora e o assassinato de um sacerdote. A palavra final, "gamo", não é partida para gerar mais um "amo", porém permanece íntegra, em destaque. "Gamo", sabemos, é hipônimo de "veado". Teria o poeta em mente também o verbo "gamar", coloquialismo para "apaixonar-se"? O poema foi escrito em 1957 (embora só publicado postumamente, em 1966), e não se encontra a palavra num dicionário de gíria brasileira editado em 1956. Pode ser um termo de gíria gay já existente nos anos 1950 que só se generalizou entre os falantes do português brasileiro na década seguinte.

Essa lua enlutada, esse desassossego
A convulsão de dentro, ilharga
Dentro da solidão, corpo morrendo
Tudo isso te devo. E eram tão vastas
As coisas planejadas, navios,
Muralhas de marfim, palavras largas
Consentimento sempre. E seria dezembro.
Um cavalo de jade sob as águas
Dupla transparência, fio suspenso
Todas essas coisas na ponta dos teus dedos
E tudo se desfez no pórtico do tempo
Em lívido silêncio. Umas manhãs de vidro
Vento, a alma esvaziada, um sol que não vejo

Também isso te devo.

Hilda Hilst

Estamos diante de um sonetoide de grande sofisticação formal. Catorze versos, sim, mas os treze primeiros formam um bloco, e o último, muito mais curto que os outros, vem separado do resto. Os treze primeiros versos têm, em sua maioria, dez ou doze sílabas, mas dois (o segundo e o quinto) têm apenas oito; o décimo quarto e último têm só seis. Quase todos os versos acentuam a sexta sílaba, que funciona como cesura para os sete primeiros; no oitavo, o acento em "jade" não chega a dividir o verso em duas partes nítidas, e nos dois versos seguintes o acento mediano é deslocado para a quinta sílaba. No verso seguinte, o décimo primeiro, um alexandrino clássico — "E tudo se desfez no pórtico do tempo" —, a cesura na sexta *reaparece* no momento exato em que se fala em *desfazer* tudo. O décimo segundo, outro alexandrino clássico, é seguido por um dodecassílabo sem acento na sexta, e o verso final reafirma a regra da cesura da maneira mais categórica: indo só até a sexta sílaba. O esquema de rimas é irregular, com rimas incompletas, quase todas toantes: *ababcbabaaacaa*. Mas as rimas internas são tantas que a impressão que se tem é a de que quase tudo rima: uma fartura de rimas *a* (dentro, devo, sempre...) e *b* (enlutada, planejadas, muralhas...). No plano do sentido, a ideia de fartura também predomina, pois o eu lírico lista todas as coisas que deve ao amado tu. Primeiro vêm as presenças — lua, ilharga, navios, muralhas, palavras etc. — às quais se refere o verso quatro: "Tudo isso te devo". A lista de presenças prossegue até o já mencionado verso onze, em que "tudo se desfez"; a partir daqui temos ausências — silêncio, manhãs de vidro, vento, alma esvaziada, sol invisível — resumidas no verso final: "Também isso te devo". O amado deu tudo e tomou tudo de volta: é a fonte de toda presença e de toda ausência.

Touro

Negra é a sorte
meigo bisonte.
Sequer a morte
tão informal

vem surpreender-te
na solidão.
(Saber morrer
plasticamente,

dura lição.)
Ajaezado
ornamental

teu vivo sangue
o velo insonte
cobre. Final.

                              Maria Lúcia Alvim

✳

A composição do poema, imediatamente estranha ao molde formal do soneto, logo chama atenção. Construído na sucessão de tetrassílabos, em sua maioria composto de coriambos, troqueu seguido de um iambo [/ - - /], também encontra significativos peônios de quarta, três átonas seguidas de uma tônica [- - - /], o que, a partir de "na solidão", ganha ar meditativo por alongar o ritmo de enunciação — muito embora, por sugestão sonora, seja possível aplicar um acento secundário nas primeiras sílabas de "plasticamente", "ajaezado", "ornamental", mantendo a estrutura rítmica e consecutiva do coriambo. A mancha gráfica, por seu turno, entrega certo plano com as rimas de entrada, criando uma espécie de ilusão que habilidosamente a poeta vai desmanchar por contrapontos. Um jogo de aparências que no plano sonoro concorre com o texto. Com a rima imediata entre "sorte" e "morte" cria um efeito suspensivo com o acontecimento do bisonte, animal de família bovina, porém mais bravo e bruto, convertido em meiguice. O suspense não se resolve por surpresa, contudo o termo "informal" nos conserva algum estado de polissemia: ao mesmo tempo lido como acaso, também um certo grau de ordinariedade, mas o caráter sem forma, em algum nível, vai conversar com o esquema enviesado do soneto. Finalmente, o instante de domesticação da forma, do bisonte, enfim recuperado sonoramente à distância com "velo insonte" num hipérbato que nos impede de decidir se o sangue cobre o pelo, ou vice-versa. O animal, por fim domesticado, como imagem do próprio poema como feito, em ornamento, selado no que se fundamenta em estacado "final". O soneto poderia conversar, em sua forma, com as invenções de Arthur Rimbaud, como em "Cocheiro bêbado"; em sua forma e tema, conversaria ainda com "Caça", de Orides Fontela; no uso dinâmico do contraponto, relação entre mancha gráfica e campo sonoro, "Boi morto", de Manuel Bandeira.

Sonnetto reformado [0420]

Se chama
Gil Gama.
Foi commandante
dum centro de tortura
em tempo não muito distante.
Tirou do guerrilheiro a confissão.
Da esposa, filha e irman tirou a candidez.
Capacho de outros rostos brincando elle fez.
E deu por encerrada a sua missão.
Agora não ha o que levante
sua picca outrora dura.
Veste elegante
pyjama
na cama.

        Glauco Mattoso

Este "soneto reformado" é rigorosamente simétrico em tudo. No plano da métrica, os dois primeiros versos, tal como os dois últimos, têm duas sílabas; os versos três e doze têm quatro sílabas; quatro e onze têm seis; cinco e dez têm oito; seis e nove têm dez; e sete e oito têm doze. A simetria métrica não fica nisso, pois a pauta acentual de cada verso — com duas exceções — se repete no(s) outro(s) verso(s) do mesmo metro. Os quatro dissílabos são iambos seguidos por átona final; os dois tetrassílabos têm o padrão 1-4. Nos dois hexassílabos, temos uma pequena diferença: o verso quatro é 2-6, o onze tem um acento a mais: 2-4-6. Os octossílabos são em 2-5-8; os decassílabos, 2-6-10. Nos dodecassílabos, uma diferença maior: no sete, temos 3-5-7-9-12; no oito, 2-6-9-12. A simetria se repete no plano da rima: os dissílabos rimam em *-ama*; os tetrassílabos, em *-ante*; os hexassílabos, em *-ura*; os octossílabos, de novo em *-ante*; os decassílabos, em *-ão*; e os dodecassílabos, em *-ez*. O esquema de rimas, portanto, é *aabcbdeedbcbaa*, o que nos dá um total de quatro rimas *a*, quatro rimas *b*, duas *c*, duas *d* e duas *e*. Mas é justamente esse o número de ocorrências de rimas diferentes num dos clássicos esquemas petrarquianos — por exemplo, *abba abba cdc ede*; as rimas que aparecem quatro vezes cada correspondem às rimas do octeto, *a* e *b*, e as que só aparecem duas vezes, *c*, *d* e *e*, às do sexteto. No plano semântico, é claro, em se tratando de um poema que traça resumidamente a história de uma vida, não poderia haver simetria rígida, mas há uma relação entre metro e sentido: entre o primeiro e o quinto verso o personagem é apresentado; os versos de seis a oito apresentam o auge da atuação sádica do comandante; e a partir daí, à medida que os versos diminuem de tamanho, a decadência física do personagem vai sendo traçada. Por fim, há que fazer um comentário óbvio: a mancha gráfica do poema evoca a ideia de ascensão, apogeu e decadência.

*Soneterapia 2**

tamarindo de minha desventura
não me escutes nostálgico a cantar
me vi perdido numa selva escura
que o vento vai levando pelo ar

se tudo o mais renova isto é sem cura
não me é dado beijando te acordar
és a um tempo esplendor e sepultura
porque nenhuma delas sabe amar

somente o amor e em sua ausência o amor
guiado por um cego e uma criança
deixa cantar de novo o trovador

pois bem chegou minha hora de vingança
vem vem vem vem vem sentir o calor
que a brisa do brasil beija e balança

* para ser parcialmente cantado.
agradecimentos a augusto dos anjos, orestes barbosa & sílvio caldas, dante alighieri, vinicius de moraes & tom jobim, sá de miranda, orestes barbosa & sílvio caldas, olavo bilac, noel rosa & rubens soares, décio pignatari, mark alexander boyd, ary barroso, augusto dos anjos, joão de barro & pixinguinha e castro alves

Augusto de Campos

✳

Um soneto no melhor do estilo mais tradicional da forma. A sequência de rimas alternadas nos quartetos, mudando o tema vocálico, mas ainda alternadas nos dois tercetos, cria um efeito de disputa entre rimas graves e agudas pulsando de acordo com a pilha de alternância sonora, sem contar o investimento na aposta de rimas ricas, apesar do uso intensivo dos verbos de primeira conjugação, a mais comum em nosso idioma, no octeto de abertura. Metricamente o poema negocia, nos quartetos, a presença do martelo-agalopado e do pentâmetro iâmbico. Nos tercetos o poeta abre mão do martelo, para nos apresentar outra marcha com a presença do heroico. Contudo, no penúltimo verso, a estranha aparição duma gaita-galega, que surge com a esquisitíssima presença do sequente "vem", para além do icto, por vezes indesejado, acentuado na sétima sílaba, partindo, enfim, para o fecho que, com a aliteração dos /b/, pode ter no heroico, um acento diferencial também na sétima. O grande lance, mesmo, reside no fato de ser todo realizado por montagem e apropriação. O poeta toma de empréstimo catorze versos combinando a tradição das poéticas escritas e da canção, amarrando o grande tema do amor finito à presença da língua de formação — ver, por exemplo, a presença de "Língua portuguesa", de Olavo Bilac, "Noção de pátria", de Décio Pignatari (de que o poeta, marotamente, muda o início do verso para caber no decassílabo), e também o verso final de Castro Alves. Um grande balanço da bossa, e do verso, em que, projetivamente, não poderia faltar uma pá de Pound: o verso tomado de Mark Alexander Boyd é comentado pelo poeta americano que diz ser "*Fra bank to bank, fra wood to wood I rin*" [em tradução de Augusto de Campos: "De areia a areia, selva a selva eu ando", citado no *Abc da literatura*] "o mais belo soneto da língua; pelo menos, tem um voto nesse sentido". Talvez Pound quisesse dizer que era o melhor poema em ânglico escocês — se bem que ele era doido o bastante para achar que esse soneto é melhor que os de Shakespeare.

os melhores sonetos de guilherme
gontijo flores vulgo barnabé
ou servidor do estado homem de fé
de grana de bom gosto mero verme
porém ando contente em tanto ver-me
na capa de revista (mais chulé)
com pose de maldito baudelaire
nos traços reverentes de vermeer
mas ai o que mamãe diria agora
antes nascesse o meu poeta gauche
do que essa rala guache do deboche
papai não fale assim no online da ágora
eu sei são só sonetos & canhestra
me escreve a mão canhota que não presta

       Guilherme Gontijo Flores

✳

O soneto é praticamente todo escrito em decassílabos heroicos, uma britadeira marcial, que combina bastante com a insistência porretada do pentâmetro iâmbico, jogando todo o plano de solenidade, par a par com as referências que arrola, contra o tema: um certo tédio autodepreciativo, utilizando a figuratividade do próprio nome, assumindo a cretinice do meio (e do fazer) literário, sem tirar o corpo fora (e a própria vida, se é que existiu — conferir *L'azur blasé*, livro do poeta em questão). O poema, escrito sem pontuação regular, nos obriga a encontrar as pausas durante a leitura, mas nada muito significativo a ponto de interferir na legibilidade. Contudo, o esquema de rimas escolhido é a boa sacada.

Os dois primeiros quartetos, cabendo atenção de que o soneto é formado por três deles, variam entre rimas graves e agudas, sendo que o segundo retoma o esquema, mas brinca com a rima quase improvável entre "ver-me" e "vermeer", traindo o tema dos /e/, todos abertos, na primeira estrofe, se aproveitando do plano sonoro ao combinar palavras estrangeiras que, como procedimento, vai se repetir no terceiro quarteto: "gauche", que guarda no interior do verso seguinte o anagrama com "guache", e "deboche". Há, também, uma rima que se dá no plano visual, espécie de paronomásia, entre "agora" e "ágora", fazendo uso de uma palavra de acento esdrúxulo [proparoxítona] que vem a calhar com o tema geral. O poema, que começa com o esquema de rimas *abbaabbacddc*, como no soneto italiano, termina não como *dd*, como era de se esperar, e sim com a rima nova *ee* num dístico final, como no soneto inglês — talvez, a essa altura, fosse melhor dizer "à inglesa" ou "pra inglês ver", uma vez que o escape rímico operado por Gontijo Flores acaba se aproximando tangencialmente do modelo shakespeariano, cujo esquema habitual é *ababcdcdefefgg*, mas que foi muito pouco utilizado por nós brasileiros e, também, entre poetas anglófonos, que acabam por fazer uso majoritário do estilema vencedor levado a termo por Petrarca.

Créditos dos poemas

pp. 9, 11, 13, 15 e 19 "Música brasileira", de Olavo Bilac; "Lésbia", de Cruz e Sousa; "O Deus-Verme", de Augusto dos Anjos; "Quarenta anos", de Mário de Andrade; "Canto IV — As aparições, poema 4", em *Invenção de Orfeu*, de Jorge de Lima. Domínio público

p. 17 "Soneto simples", de Vinicius de Moraes, em *Novos poemas e cinco elegias*. São Paulo: Companhia das Letras, 2012. © VMCultural, <www.viniciusdemoraes.com.br>

p. 21 "Oficina irritada", de Carlos Drummond de Andrade, em *Claro enigma*. Rio de Janeiro: Record, 2022. © Graña Drummond, <www.carlosdrummond.com.br>

p. 23 "Pavão vermelho", de Sosígenes Costa, em *Melhores poemas Sosígenes Costa*. 1. ed., seleção e prefácio de Aleilton Fonseca. São Paulo: Global Editora, 2012, p. 44. © Herdeiros de Sosígenes Costa

p. 25 "Soneto", de Mário Faustino, em *O homem e sua hora e outros poemas*. São Paulo: Companhia das Letras, 2002. © Espólio Mário Faustino

p. 27 [Essa lua enlutada, esse desassossego], de Hilda Hilst, em *Da poesia*. São Paulo: Companhia das Letras, 2017. © Herdeiros de Hilda Hilst

p. 29 "Touro", de Maria Lúcia Alvim, em *Poesia reunida*. São Paulo: Relicário, 2024. © Herdeiros de Maria Lúcia Alvim

p. 31 "Sonnetto reformado [0420]", de Glauco Mattoso, em *Panacéa: Sonnettos Collatraes*. São Paulo: Nankin, 2000. © Glauco Mattoso

p. 33 "Soneterapia 2*", de Augusto de Campos, em *Balanço da bossa e outras bossas*. São Paulo: Perspectiva, 2005. © Augusto de Campos

p. 35 [os melhores sonetos de guilherme], de Guilherme Gontijo Flores, em *Todos os nomes que talvez tivéssemos*. São Paulo: Kotter, 2020, p. 289. © Guilherme Gontijo Flores

Copyright © 2024 André Capilé e Paulo Henriques Britto

Agradecemos a Avelino de Araujo pela cessão dos sonetos visuais do verso da capa desta plaquete.

Todos os direitos reservados. Nenhuma parte desta obra pode ser reproduzida, arquivada ou transmitida de nenhuma forma ou por nenhum meio sem a permissão expressa e por escrito da Editora Fósforo.

DIREÇÃO EDITORIAL Fernanda Diamant e Rita Mattar
COORDENAÇÃO DA COLEÇÃO E EDIÇÃO Tarso de Melo
COORDENAÇÃO EDITORIAL Juliana de A. Rodrigues
ASSISTENTE EDITORIAL Millena Machado
REVISÃO Eduardo Russo
DIRETORA DE ARTE Julia Monteiro
IMAGENS DE CAPA Sonetos visuais de Avelino de Araujo. *Livro de sonetos.* Natal: edição do autor, 1994.
PROJETO GRÁFICO Alles Blau
EDITORAÇÃO ELETRÔNICA Página Viva

Dados Internacionais de Catalogação na Publicação (CIP)
(Câmara Brasileira do Livro, SP, Brasil)

Capilé, André
  Soneto, a exceção à regra / André Capilé, Paulo Henriques Britto. — 1. ed. — São Paulo : Círculo de Poemas, 2024.
  ISBN: 978-65-6139-006-4
  1. Poesia brasileira I. Britto, Paulo Henriques. II. Título.

24-214387   CDD — B869.1

Índice para catálogo sistemático:
1. Poesia : Literatura brasileira   B869.1
Aline Graziele Benitez — Bibliotecária — CRB-1/3129

circulodepoemas.com.br
fosforoeditora.com.br

Editora Fósforo
Rua 24 de Maio, 270/276, 10º andar
01041-001 — São Paulo/SP — Brasil

A marca FSC® é a garantia de que a madeira utilizada na fabricação do papel deste livro provêm de florestas gerenciadas de maneira ambientalmente correta, socialmente justa e economicamente viável e de outras fontes de origem controlada.

CÍRCULO DE POEMAS

LIVROS

1. **Dia garimpo.** Julieta Barbara.
2. **Poemas reunidos.** Miriam Alves.
3. **Dança para cavalos.** Ana Estaregui.
4. **História(s) do cinema.** Jean-Luc Godard (trad. Zéfere).
5. **A água é uma máquina do tempo.** Aline Motta.
6. **Ondula, savana branca.** Ruy Duarte de Carvalho.
7. **rio pequeno. floresta.**
8. **Poema de amor pós-colonial.** Natalie Diaz (trad. Rubens Akira Kuana).
9. **Labor de sondar [1977-2022].** Lu Menezes.
10. **O fato e a coisa.** Torquato Neto.
11. **Garotas em tempos suspensos.** Tamara Kamenszain (trad. Paloma Vidal).
12. **A previsão do tempo para navios.** Rob Packer.
13. **PRETOVÍRGULA.** Lucas Litrento.
14. **A morte também aprecia o jazz.** Edimilson de Almeida Pereira.
15. **Holograma.** Mariana Godoy.
16. **A tradição.** Jericho Brown (trad. Stephanie Borges).
17. **Sequências.** Júlio Castañon Guimarães.
18. **Uma volta pela lagoa.** Juliana Krapp.
19. **Tradução da estrada.** Laura Wittner (trad. Estela Rosa e Luciana di Leone).
20. **Paterson.** William Carlos Williams (trad. Ricardo Rizzo).
21. **Poesia reunida.** Donizete Galvão.
22. **Ellis Island.** Georges Perec (trad. Vinícius Carneiro e Mathilde Moaty).
23. **A costureira descuidada.** Tjawangwa Dema (trad. floresta).
24. **Abrir a boca da cobra.** Sofia Mariutti.
25. **Poesia 1969-2021.** Duda Machado.
26. **Cantos à beira-mar e outros poemas.** Maria Firmina dos Reis.
27. **Poema do desaparecimento.** Laura Liuzzi.
28. **Cancioneiro geral [1962-2023].** José Carlos Capinan.
29. **Geografia íntima do deserto.** Micheliny Verunschk.
30. **Quadril & Queda.** Bianca Gonçalves.
31. **A água veio do Sol, disse o breu.** Marcelo Ariel.
32. **Poemas em coletânea.** Jon Fosse (trad. Leonardo Pinto Silva).

PLAQUETES

1. **Macala.** Luciany Aparecida.
2. **As três Marias no túmulo de Jan Van Eyck.** Marcelo Ariel.
3. **Brincadeira de correr.** Marcella Faria.
4. **Robert Cornelius, fabricante de lâmpadas, vê alguém.** Carlos Augusto Lima.
5. **Diquixi.** Edimilson de Almeida Pereira.
6. **Goya, a linha de sutura.** Vilma Arêas.
7. **Rastros.** Prisca Agustoni.
8. **A viva.** Marcos Siscar.
9. **O pai do artista.** Daniel Arelli.
10. **A vida dos espectros.** Franklin Alves Dassie.
11. **Grumixamas e jaboticabas.** Viviane Nogueira.
12. **Rir até os ossos.** Eduardo Jorge.
13. **São Sebastião das Três Orelhas.** Fabrício Corsaletti.
14. **Takimadalar, as ilhas invisíveis.** Socorro Acioli.
15. **Braxília não-lugar.** Nicolas Behr.
16. **Brasil, uma trégua.** Regina Azevedo.
17. **O mapa de casa.** Jorge Augusto.
18. **Era uma vez no Atlântico Norte.** Cesare Rodrigues.
19. **De uma a outra ilha.** Ana Martins Marques.
20. **O mapa do céu na terra.** Carla Miguelote.
21. **A ilha das afeições.** Patrícia Lino.
22. **Sal de fruta.** Bruna Beber.
23. **Arô Boboi!** Miriam Alves.
24. **Vida e obra.** Vinicius Calderoni.
25. **Mistura adúltera de tudo.** Renan Nuernberger.
26. **Cardumes de borboletas: quatro poetas brasileiras.** Ana Rüsche e Lubi Prates (orgs.).
27. **A superfície dos dias.** Luiza Leite.
28. **cova profunda é a boca das mulheres estranhas.** Mar Becker.
29. **Ranho e sanha.** Guilherme Gontijo Flores.
30. **Palavra nenhuma.** Lilian Sais.
31. **blue dream.** Sabrinna Alento Mourão.
32. **E depois também.** João Bandeira.

Que tal apoiar o Círculo e receber poesia em casa?

O que é o Círculo de Poemas? É uma coleção que nasceu da parceria entre as editoras Fósforo e Luna Parque e de um desejo compartilhado de contribuir para a circulação de publicações de poesia, com um catálogo diverso e variado, que inclui clássicos modernos inéditos no Brasil, resgates e obras reunidas de grandes poetas, novas vozes da poesia nacional e estrangeira e poemas escritos especialmente para a coleção — as charmosas plaquetes. A partir de 2024, as plaquetes passam também a receber textos em outros formatos, como ensaios e entrevistas, a fim de ampliar a coleção com informações e reflexões importantes sobre a poesia.

Como funciona? Para viabilizar a empreitada, o Círculo optou pelo modelo de clube de assinaturas, que funciona como uma pré-venda continuada: ao se tornarem assinantes, os leitores recebem em casa (com antecedência de um mês em relação às livrarias) um livro e uma plaquete e ajudam a manter viva uma coleção pensada com muito carinho.

Para quem gosta de poesia, ou quer começar a ler mais, é um ótimo caminho. E para quem conhece alguém que goste, uma assinatura é um belo presente.

**CÍRCULO
DE POEMAS**

Este livro foi composto em GT Alpina e GT Flexa e impresso pela gráfica Ipsis em julho de 2024. A alegria, este pavão vermelho, está morando em meu quintal agora.